HISTOIRE

DES

ILLUSTRES ET SAINTES PRINCESSES

MAURE ET BRIGIDE

VIERGES ET MARTYRES.

Départ de sainte Maure et de sainte Brigide
en pèlerinage.

HISTOIRE

DES

ILLUSTRES ET SAINTES PRINCESSES

MAURE ET BRIGIDE

VIERGES ET MARTYRES

Patronnes de Nogent-les-Vierges, au diocèse de Beauvais
(Oise)

NOUVELLE ÉDITION

Composée sur les anciennes, — ornée de huit gravures.

*Publiée au profit de l'Église de Nogent-les-Vierges
qui s'en réserve la propriété.*

SENLIS

IMPRIMERIE DE CHARLES DURIEZ

1864

AVIS AU LECTEUR.

Une histoire des Saintes princesses Maure et Brigide, Vierges et Martyres, Patronnes de Nogent-les-Vierges, a été écrite il y a bien longtemps, sur des documents antiques et précieux, notamment les vieilles archives de St-Evremont, de Creil-sur-Oise, et les anciens bréviaires de Beauvais.

En 1806 cette édition séculaire était réimprimée pour la cinquième fois.

En l'année 1825 un homme aussi bien-veillant que savant en publia une autre abrégée, pour laquelle il fit des recherches à toutes les sources connues, outre les éléments qu'il trouvait dans sa belle et riche bibliothèque. Ces deux éditions sont épuisées depuis plusieurs années.

Nous avons pensé faire une chose utile et agréable tant aux habitants de Nogent, qu'aux nombreux pélerins que la dévotion à leurs Saintes Patronnes appelle à leur Eglise, en offrant aux uns et aux autres une publication nouvelle qui n'est, sous une forme différente, que la reproduction fidèle des autres plus anciennes.

Pour en rendre la lecture moins fatigante, nous avons divisé ce petit ouvrage en chapitres, et nous y avons joint huit gravures, prises pour la plupart dans la grande verrière historique placée dans l'Eglise de Nogent, au-dessus du grand-autel. Dieu bénisse notre intention !

Naissance de sainte Maure et de sainte Brigide,
et mort de leur Mère.

CHAPITRE Ier.

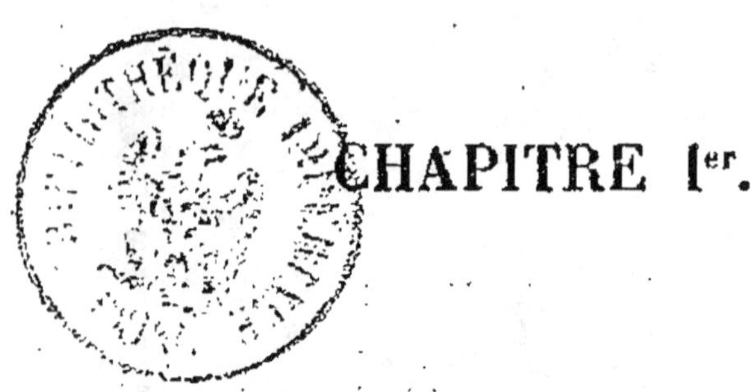

Comment naquirent en Ecosse les deux illustres
princesses Ste Maure et Ste Brigide.

Vers la fin du cinquième siècle, un con-
quérant heureux, Saxon d'origine, Ella,
était venu au pays des Angles ou Anglais,
avec l'ambition de prendre sa part dans
ces terres ravagées par la guerre. Du
midi au septentrion son nom était connu
et respecté. Fondateur d'un royaume sur
les côtes de la Manche, l'histoire nous le

montre poursuivant ses conquêtes dans l'Ecosse et le Northumbre ou Northumberland.

Il se décidait enfin à se reposer des agitations et des fatigues des combats. Dans sa demeure aux murailles épaisses et rudes, il avait suspendu ses trophées de victoires, et placé parmi eux la croix du Sauveur. C'était chose encore nouvelle et rare, dans ces temps reculés. Le christianisme, repoussé par l'idolâtrie romaine dans ces îles éloignées, avait pourtant réussi à y pénétrer; Ella avait le bonheur d'être chrétien.

Or, un jour, dans le sombre manoir, c'était grande joie et grande fête : la femme du monarque, Pantilémona, venait de lui donner en même temps deux filles ravissantes; mais la joie fut de courte durée. La reine eut à peine le temps de remercier le ciel du présent qu'il lui faisait. Elle venait, sans le savoir, de donner à la terre deux Saintes dont elle ne verra pas le premier sourire; un même jour suffira pour mêler les pleurs à la joie, et réunir le berceau des enfants et la tombe de la mère.

Soumis aux décrets éternels, Ella s'empressa d'ouvrir à ses deux orphelines l'entrée de la famille chrétienne, et le baptême leur donna à la fois, l'innocence qu'elles s'efforceront de conserver, et deux noms qu'elles illustreront par leurs vertus; l'une fut appelée Maure, et l'autre Brigide; et comme si le ciel, en les recevant parmi ses prédestinés, avait voulu leur ouvrir ses secrets, leur antique histoire raconte un premier prodige qui ne sera que le prélude de tous les autres : « Ma mère vit (elle est au ciel), » se serait écriée Maure en recevant l'eau baptismale, tandis que Brigide, par le rayonnement de son front et de ses vêtements blancs, éblouissait les assistants.

Mais qui donnera à ces deux jeunes et frêles créatures, le lait qu'elles ne recevront pas du sein maternel? Deux jeunes mères sont choisies parmi les plus robustes que l'on trouve; le père veut que ses filles deviennent des femmes fortes et dignes de porter son nom.

Cependant, on reconnut bientot que les deux sœurs, après avoir reçu la vie ensemble, devaient en tout s'attacher l'une à l'autre, en prenant la nourriture à la même source. La nourrice de Brigide perdit le lait aussitôt que l'enfant la toucha de ses lèvres, et celle de Maure ne put même en conserver qu'en une seule mamelle; mais le ciel la rendit assez abondante pour suffire à la subsistance de toutes deux.

Quelles seront ces deux enfants, dont la vie commence par des signes si extraordinaires? On remarque même que déjà la famine et les maladies contagieuses qui

désolaient fréquemment leur patrie dimi-
nuent et cessent bientôt complètement.

Heureux père ! si Dieu lui eût accordé
de partager avec sa pieuse compagne ces
insignes faveurs qu'il lui envoie. Heureuse
mère ! si elle eût été là pour recevoir les
félicitations des autres mères, envieuses
peut-être de son bonheur.

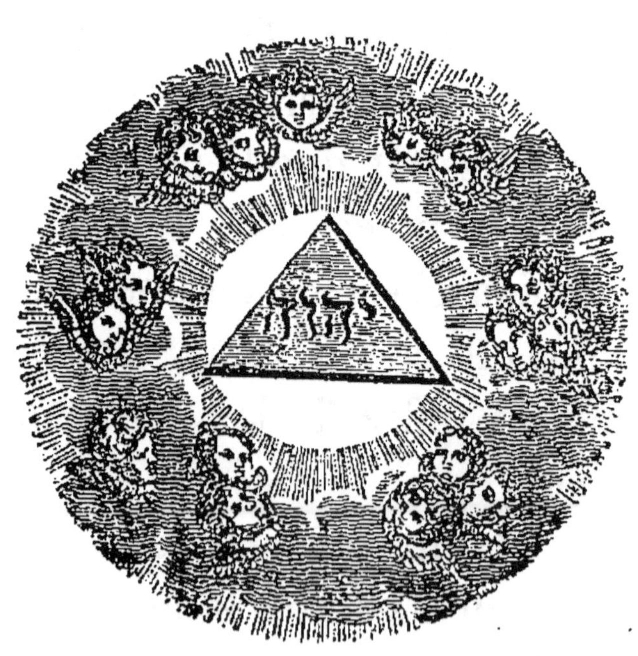

Charité et aumônes de sainte Maure
et de sainte Brigide.

CHAPITRE II.

Comment, dans leur jeunesse, Ste Maure et Ste Brigide secouraient les malheureux, et comment elles refusèrent de riches alliances.

Les premiers soins donnés à l'enfance des jeunes princesses eurent plus de succès que l'on n'en espérait. Il paraissait évident que la grâce du baptême avait pris possession de leurs âmes pour n'en sortir jamais. Ou Dieu lui-même avait mis les orphelines sous sa garde, ou du haut des cieux leur sainte mère inspirait toutes leurs pensées et toutes leurs actions. Avec l'âge, elles grandissaient en sagesse. Leur père les envoya à Edimburg, principale ville de l'Ecosse, pour y continuer leur éducation et pratiquer librement les leçons de vertu qu'elles y recevraient, dans le palais qui prit de là le nom de château des Pucelles. A treize ans, leur intelligence précoce a déjà devancé les années; elles ont compris toute la vanité des biens et des honneurs de ce monde. Auraient-elles, à cet âge, connu et médité cette parole du divin Maître : que le service de Dieu est une véritable royauté? Leurs esprits et leurs cœurs, qui n'auront jamais qu'une seule volonté, conseillent à toutes deux de se consacrer à Dieu, et de renoncer à tous les avantages de la terre. Déjà chacune de leurs journées était remplie de bonnes œuvres.

Les exercices de Maure étaient le jeûne,

les pieuses austérités, l'oraisou, la retraite et le silence des sanctuaires consacrés à la prière; là sont toutes ses délices; ses habiles mains se plaisent à orner les autels du divin sacrifice.

Brigide, de son côté, s'était dévouée aux œuvres de charité. Les malades, les pauvres, la voyaient chaque jour apporter à toutes les misères secours et soulagement; les malheureux groupés autour d'elle étaient son royal cortége. Fallait-il couvrir dans le froid des hivers des corps et des membres glacés, elle n'hésitait pas à se dépouiller, et plus d'une fois l'hermine de son vêtement passa sur les épaules nues d'une pauvre mère ou de son enfant. Quand les deux sœurs se réunissaient pour distribuer leurs aumônes, c'était chose ravissante d'entendre leurs douces voix donner la consolation à la souffrance, à l'ignorance l'instruction, et aux âmes égarées les bons conseils. Le nom du bon Dieu se parfumait sur leurs lèvres virginales, et tombait comme un baume suave sur toutes les douleurs.

Dans leurs loisirs, elles s'exhortaient mutuellement à tendre de tous leurs efforts à la perfection chrétienne.

Des qualités si éminentes, des vertus si rares ne pouvaient, malgré leur modestie, demeurer inconnues. Les puissants princes du voisinage, les valeureux guerriers se présentent pour offrir de nobles alliances. Le roi en est ravi; il va compléter le bonheur de ses filles bien aimées. Il ne sait rien des secrets de leur cœur, et il parle avec assurance. Maure et Brigide l'écoutent les yeux baissés, et lui répondent avec un profond respect : « Notre très honoré père daignera-t-il considérer que nous avons osé déjà disposer de nos cœurs? Dieu les veut pour lui seul. Le divin époux qui a reçu nos vœux nous permettra-t-il de lui être infidèles pour obéir à notre père? »

Et en pleurant elles rappellent le malheur qui les a privées de leur mère à leur naissance.

Le roi est ému. Mais que deviennent ses projets, que devient sa parole engagée? il veut et ne peut dissimuler qu'il est contrarié. Toutefois, ses filles auront le temps de se recueillir et de préparer une autre réponse. Elles se retirent en faisant à leur père une profonde révérence, et les jours suivants se passent à demander à Dieu, par des prières plus ferventes encore, la persévérance dans leurs saintes résolutions.

Le temps s'écoule ; il est bien long pour le roi impatient. Parmi les solliciteurs, son choix était fait, et il n'a rien à leur répondre encore. Pourtant, il est père, il est maître, il croit que son désir suffira; il n'aura pas à imposer sa volonté. Peut-être allait-il prendre un langage plus ferme, pour obtenir de ses filles la réponse qu'il voulait, quand un évènement imprévu vint changer toutes choses. Ella mourut, et dès lors Maure et Brigide se trouvèrent dégagées de toute gêne et de toute entrave.

La douleur les retint quelque temps auprès de cette tombe nouvelle, et là, dans le recueillement, elles méditent et concertent la grande décision qui va changer leur existence et livrer à son essor leur ardente piété. Un frère aîné, Hyspade (dont la tradition a fait depuis le nom Espain) reçoit leur confidence et partage avec joie leur résolution. Ils laisseront à un autre le royal héritage, et partiront tous trois en secret, pour visiter en pèlerins Rome, Jérusalem, et les pays illustrés par le sang des martyrs et les miracles des saints.

CHAPITRE III.

Comment Ste Maure et Ste Brigide partent secrètement en pélerinage.

Un soir donc, à la clarté des astres, les
princesses s'en vont et leur frère les
suit. Dieu les conduira, et leurs anges
gardiens les protégeront, leur vive foi leur
en a donné l'assurance. Le bagage du
voyage est léger. Elles ont pris le vêtement
vulgaire; leurs pieds délicats sont enfer-
més dans de solides et épaisses chaus-

sures; le bourdon à la main, le cœur fortifié par une bonne prière, elles cheminent; les hautes murailles du palais disparaissent tour à tour dans l'ombre; Edimburg ne les reverra plus!

A peu de distance se rencontre un petit port d'où elles doivent passer sur une autre rive; une barque s'y trouvera, on l'espère; mais la barque se fait attendre, et après une journée de marche, il faut trouver un asile pour passer la nuit.

Une bonne veuve reçoit avec bonheur ces hôtes inattendus, et là déjà, la vertu des deux vierges se trempera dans un premier péril, pour passer ensuite invulnérable à travers tous les autres dangers. Cette charitable femme avait un fils, et ce fils était vicieux. Un projet infâme, sous le souffle de l'esprit impur, est monté promptement à son cœur corrompu. Les pas, les mouvements des étrangères sont observés; mais la marche de ce jeune libertin est incertaine comme celle de tous les criminels. Le bruit qu'il fait involontairement est entendu, et sa pensée devinée; la prière de nos Saintes arrête et interdit le coupable qui reste sur place comme glacé par un juste châtiment du Dieu protecteur de l'innocence. Ce malheureux s'agite en vain, son corps semblerait plutôt une immobile statue, et ce sera par l'intercession de celles qu'il voulait outrager, que Dieu lui rendra le mouvement et la parole. Avec cette faveur, elles lui en obtiennent une autre qu'il ne demandait pas, parce qu'il n'en savait pas le prix : l'horreur de ses vices et le retour à la vertu. Son heureuse mère donnerait tout ce qu'elle possède pour reconnaître un si grand bienfait.

Cependant, à peine échappées à ce premier piège de Satan, elles en rencontrent un autre, et leur triomphe en sera plus éclatant encore.

Au déclin d'une journée de fatigue, un homme les aperçoit priant à genoux à la porte d'un oratoire; il s'avance et leur offre hospitalité pour la nuit ; sa parole est si honnête et si bienveillante en apparence; comment n'accepter pas une offre de cette obligeance? Elles le suivent.

Après le frugal souper partagé avec la famille, chacun se retire pour prendre son repos. Quand le silence s'est fait partout, le maître du logis s'approche de la demeure des pieuses pélerines, roulant dans son esprit un honteux projet. Mais leurs anges tutélaires veillaient; une force mystérieuse repousse le misérable. Alors une aveugle colère s'empare de lui, il est fou, et lui-même, pour se venger, met le feu à sa maison. Dieu soit béni ! Celles qu'il voulait atteindre échappent miraculeusement avec leur frère aux ravages du feu.

Leur première action fut de remercier Dieu de cette grâce nouvelle, et de lui demander le pardon de ce méchant homme déjà repentant de son abominable pensée.

Nos pieuses voyageuses vont enfin quitter cette terre d'Ecosse et passer au pays des Francs. Elles s'embarquent, et en peu de temps mettent le pied sur les rives étrangères de la Gaule, avec le désir de continuer leur route jusqu'à la ville des merveilles chrétiennes, Rome, tombeau des illustres apôtres.

Le trajet est long et périlleux. A travers ces vastes et sombres forêts sans chemins, par où se dirigeront-elles?

Ne vont-elles pas rencontrer les légions belliqueuses de Clovis ou de ses fils, qui chaque jour s'entre-choquent avec leurs ennemis, et marquent partout leur passage par les ruines et le sang? Douces et timides vierges, le ciel veillera sur vous; les anges gardiens et conducteurs ne sont pas tous visibles comme l'ange de Tobie.

Avec les vieux chroniqueurs que nous

suivons, nous regrettons qu'ici le fil de cette merveilleuse histoire soit un moment rompu; les annales font défaut, et c'est à Rome seulement que nous retrouvons saines et sauves, avec leur frère, nos intéressantes voyageuses.

Là, quelques signes ont peut-être révélé leur noble origine.

C'est dans le palais d'un seigneur romain qu'elles sont reçues, chez Ursinien. Cet homme riche était pourtant malheureux; depuis longtemps il était possédé du démon, affliction assez commune encore dans ces temps-là. Les prières des Saintes l'en délivrèrent promptement.

La reconnaissance attache Ursinien à ses bienfaitrices; Hyspade et lui se lient étroitement d'amitié, et c'est lui qui, plus tard, nous fait le récit de tout ce qu'il a vu et appris.

La ville incomparable étale en vain aux yeux des modestes visiteuses ses antiques

et profanes splendeurs, ce qu'elles cherchent, ce sont les restes vénérables des
martyrs, les tombeaux des deux grands
et saints apôtres Pierre et Paul; elles
savent aussi que là est la demeure du chef
de l'Église, du vicaire de Jésus-Christ.

Comme leurs âmes durent se retremper
pendant le long séjour qu'elles firent sur
cette terre arrosée du sang de tant de martyrs! Leurs pieux délassements, après la
prière, étaient de visiter et soulager les
malheureux; elles auraient pu quelquefois se croire encore à Edimburg, mais
leurs cœurs les ont déjà devancées à la
ville dont le nom efface toutes les autres
célébrités.

Arrivée à Jérusalem de sainte Maure
et de sainte Brigide.

CHAPITRE IV.

Comment Ste Maure et Ste Brigide bénissent
Dieu à leur arrivée à Jérusalem.

Nos princesses pélerines s'embarquent
donc de nouveau avec leur frère et Ursinien, qui ne les a pas quittées. On croirait
que la mer et le navire connaissent le
trésor qu'ils portent; passagers et matelots
se demandent quels peuvent être ces
étrangers à qui tout fait si bon accueil.
Un secret instinct leur dit que ce ne sont

2.

point des personnes vulgaires, et chacun se plaît à entourer les Saintes de sa vénération.

La traversée s'est faite si heureusement et si vite, que tous s'étonnent d'aborder déjà. On touche la terre des miracles; sous un soleil, sur des sables brûlants, les chemins à parcourir sont bien longs encore pour des voyageuses déjà fatiguées. Leur piété ranime leurs forces; par intervalles les palmiers les rafraîchissent de leur ombre, et les figuiers de leurs fruits. Elles cherchent, elles demandent Jérusalem, et Jérusalem apparaît enfin; leurs cœurs se dilatent de bonheur, elles lèvent les mains au ciel et tombent à genoux pour le remercier.

Est-ce là cette muraille qui a vu pleurer le Sauveur? Où est-ce ce temple fameux dont les hommes et les siècles ne peuvent relever les ruines? Mais le mont des Oliviers, mais le Golgotha sont encore debout. Salut! Maure et Brigide, avec leurs pieux compagnons, déchaussent leurs pieds meurtris, et suivent en silence ces rues tristes et désolées. On croirait revoir écrite sur toutes les pierres la malédiction de l'Homme-Dieu. Elles gravissent lentement ce côteau où Jésus vint prier après le dernier souper, quand il eut laissé aux générations futures, par le plus beau de ses miracles, son corps et son sang, sous les espèces d'un peu de pain et de vin. C'est là que son front mouilla l'herbe de sa sueur glacée; là, que son âme fut triste jusqu'à la mort; là enfin, qu'il reçut le baiser du traître et hypocrite Judas. Elles cherchent le prétoire de Pilate; à peine en retrouvent-elles la place. Elles suivent pas à pas la divine victime allant au calvaire, chargée de sa lourde croix. N'est-ce pas ici, se demandent-elles, que la mère des douleurs a rencontré son fils bien-aimé, saignant par toutes ses plaies? Elles voudraient ne point toucher des pieds la sainte montagne abreuvée du sang divin. Leurs bouches muettes de respect et d'adoration se collent à la place de la croix; elles seraient si heureuses de mourir là !

La grotte du sépulcre reçoit à son tour leurs derniers hommages; elles ne veulent que passer sur cette terre coupable et vouée aux anathèmes; pour elles il est bien évident que la vertu n'y est pas en sûreté. Elles partent après quelques jours, le cœur attristé, mais fortifié par tout ce qu'elles ont vu.

La mer les reçoit de nouveau. Leur intention était de revenir en France par la Germanie; mais le vent les pousse directemen aux rivages de la Provence.

Ici, leur histoire les suit pas à pas et compte les merveilles qui se multiplient sur leur passage. A Marseille, elles ont sous leurs regards le rocher vénéré, où la grande pécheresse repentante, Madeleine, était venue des siècles avant, avec Marthe et Lazare ressuscité, continuer sa longue et dure pénitence.

Sur leur chemin se rencontrent deux saints personnages : à Arles, le grand Césaire ; en Languedoc, un abbé nommé Gilles, d'une grande vertu. Elles ne veulent pas manquer de s'édifier en s'entretenant quelques moments avec eux des choses du ciel. Auprès d'eux, elles apprennent la route à suivre pour visiter les villes les plus célèbres par la présence des saints vivants ou morts. Toujours infatigables dans leur faiblesse, elles comptent pour rien les distances, l'âpreté des sentiers.

Cependant un malheur les afflige un instant. Leur dévoué compagnon, Ursinien, se brise les jambes dans une chute; mais Dieu bénit les soins charitables et empressés que lui donnent ses pieuses servantes ; Ursinien put presque sans retard continuer le voyage.

L'hospitalité qu'elles reçoivent est partout marquée par de grandes faveurs du ciel. A quelque distance de la table où, un soir, elles réparaient leurs forces par le peu de nourriture qu'elles s'accordaient, une petite fille pleurait. Brigide lui offre un peu de pain pour la distraire; la pauvre enfant tend la main et ne touche rien, elle est aveugle.

Le cœur de Brigide est ému; elle pose sur son front le baiser de l'innocence et de la charité, et l'aveugle s'écrie : mère! mère! je vous vois.

Le lendemain, au chant du coq, Brigide donna le signal du départ, pour échapper aux compliments des curieux.

A quelques jours de là, grande douleur encore pour ces cœurs si bons et si généreux. Ursinien souffre; ses forces ont défailli; va-t-il mourir? On s'arrête; le mal s'aggrave rapidement. La parole est éteinte, les yeux fermés, le corps sans mouvement;

mais l'âme du mourant est admise aux secrets de Dieu. Ces lèvres froides, cette langue glacée s'agitent; c'est un prophète qui parle : « O vous, heureuses servantes du Seigneur; ô vous, heureux frère de telles sœurs, courage! J'ai vu dans le ciel votre place parmi les martyrs. » La sainte volonté de Dieu soit faite, lui répondit-on comme d'une seule voix.

Le moribond est debout, plein de santé, et l'on se remet en chemin. C'est vers la première ville de l'Anjou que se dirige la petite troupe. Angers les reçoit dans ses murs. Chacun s'empresse de leur indiquer les sanctuaires les plus vénérés, les tombeaux des saints, les asiles des misères et des douleurs à consoler.

Il y a dans cette cité une mère désolée; elle est veuve et elle vient de perdre son fils unique. Maure s'informe de son nom et de sa demeure; elle se rappelle la veuve de Naïm, et dans une prière pleine de foi, elle demande au divin Maître de rendre son fils à cette mère infortunée. Le mort se relève, et Aldegonde retrouve son cher Jehan. Un évènement si nouveau met en émoi toute la ville; on entoure les étrangères comme des anges tutélaires, que l'on veut retenir par supplications ou par force. Les saintes princesses voudraient s'éloigner sans retard. Aldegonde et son fils s'attachent à elles par reconnaissance, et quittent tout pour ne plus s'en séparer.

Voilà donc la petite famille augmentée, et deux autres personnes vont s'y adjoindre encore.

En remontant et suivant le cours de la Loire, quelques journées de marche suffisent pour arriver au tombeau du grand évêque de Tours, l'illustre St Martin. Les chemins sont fréquentés et battus par les pélerins nombreux que le bruit de ses miracles y attire chaque jour. Maure et Brigide n'auront qu'à les suivre.

Dans la Touraine, tout près d'une mé-
tairie où elles s'arrêtèrent pour se reposer,
se trouvait un château dont le maître s'ap-
pelait Géronce. Johel, son fils, frappé d'une
flèche, avait succombé à sa blessure.
Comme à Angers, Maure se présente, con-
duite par l'esprit de Dieu, et son ardente
prière rend l'âme au mort et au père son
fils. Dans le ravissement de leur bonheur,
tous deux offrent à leur bienfaitrice leur fortune, pour fonder sur leurs terres, églises,
maladreries, et toutes bonnes œuvres
qu'elles voudraient. Avec peine les deux
sœurs obtiennent la liberté de partir; mais
Géronce et son fils se mettent à leur suite
pour les accompagner partout. Johel savait
que Dieu lui redemanderait bientôt la vie
qu'il lui avait rendue, Maure le lui avait
prédit, et l'évènement justifia la prédiction.
Johel mourut pour la cause de Dieu et de
la religion.

Un monument du passage et des miracles de nos Saintes est resté dans ce pays. En place de la demeure de Géronce, une église s'est élevée, et autour d'elle s'est établie une paroisse qui porte encore aujourd'hui le nom de Ste-Maure.

De là, quel chemin suivirent nos saintes princesses et leur suite? Ici encore leur histoire perd leurs traces pour quelque temps, et c'est en Beauvaisis, tout près de nous, que nous les retrouvons.

Martyre, à Balagny, de sainte Maure
et de sainte Brigide.

CHAPITRE V.

Comment Ste Maure et Ste Brigide furent martyrisées à Balagny avec leur frère.

Avant de traverser la vallée du Thérain,
en un endroit solitaire, éloigné quelque
peu du village de Balagny, une source
ombragée se trouve sur leur chemin. Elles
s'y arrêtent pour laver et rafraîchir leurs
pieds, et se reposer un peu. Les compagnons de voyage, eux aussi. étaient restés
à quelque distance; la fatigue les avait

comme engourdis. Malheureusement, la place n'était pas sûre. Dans ces temps où l'autorité et la vigilance des rois était encore mal établie, notre patrie était infestée d'aventuriers toujours armés; les cavernes et les forêts étaient leurs refuges.

Nos vierges, confiantes et sans défense, ont été aperçues, et quatre malfaiteurs accourent tout d'abord pour leur enlever le léger bagage qu'elles avaient déposé sur l'herbe. Les petits sachets qu'elles portaient au bras sont fouillés et secoués; mais de l'argent, point; bracelets, colliers et bijoux sont depuis longtemps passés aux mains des malheureux. Tout leur trésor, c'est leur innocence, et c'est ce trésor que veulent leur ravir ces forcenés. Ils n'ont jamais su ce que peut donner d'énergie aux plus faibles mains la vertu en péril. Le bruit de la lutte avait éveillé Hyspade; il voit ses sœurs aux prises avec leurs oppresseurs; il vole à leur secours, comptant plus sur son courage que sur ses forces. L'arrivée de ce témoin qu'ils ne soupçonnaient pas, trouble d'abord ces hommes pervers, mais ne les déconcerte pas : « Arrêtez, misérables, leur crie-t-il ; osez-vous, sous l'œil de Dieu qui vous voit, insulter la faiblesse et l'innocence? » Ces infâmes se moquent de Dieu et de la vertu. L'infortuné Hyspade tombe percé d'un poignard, et sa dernière parole est une prière pour ses sœurs bien-aimées : « Qu'elles meurent pures et sans taches : *Libera nos a malo.* »

Les autres compagnons, Aldegonde elle-même, accourent à leur tour, et tombent aussi percés de coups. Dieu soutient par sa grâce la constance de ses fidèles servantes, et leurs assassins, fatigués d'une si héroïque résistance, les assomment sans pitié; leurs corps tombent en même temps sur l'herbe souillée de leur cervelle et de leur sang.

Cependant le ciel voulut qu'un témoin survécût à cet horrible carnage ; Ursinien a tout vu, et il raconte que les âmes des deux martyres s'envolèrent dans les airs comme deux pures colombes, et que leurs corps furent enveloppés d'une lumière céleste et éblouissante. Il ajoute que ces brigands se firent eux-mêmes les vengeurs de tant de crimes, en tournant contre eux leurs armes encore rouges du sang de leurs innocentes victimes.

Un si affreux évènement fut bientôt connu dans la contrée, et les habitants, après le premier frémissement d'horreur, aidèrent Ursinien à ensevelir séparément tous ces corps ; ceux des deux vierges furent réunis en une même sépulture.

Une tradition conservée à Balagny, porte que le corps d'Hyspade ou Espain égorgé le premier, aurait été traîné jusqu'au bord du Thérain, et jeté dans la

rivière, à l'endroit appelé encore aujour-
d'hui St-Espain.

Dans l'une des nuits suivantes, une voix mystérieuse frappa l'oreille d'Ursinien ; il entendit ces paroles : Quittez cette terre ensanglantée, nos corps ne resteront pas toujours ici ; le Seigneur a accepté le sacrifice de notre vie, et il veut se servir de nous plus tard pour sa gloire et pour l'encouragement de ceux qui souffrent pour lui.

L'évêque de Beauvais fut informé de ces grandes et merveilleuses choses. Il voulut apprendre de la bouche d'Ursinien tout ce qu'il avait su de la vie de ces illustres princesses, tout ce qu'il s'en était fait raconter pendant le temps qu'il avait passé dans leur compagnie, et les détails qu'il fournit ont servi à la rédaction de cette histoire.

En peu de temps, elle fut connue aux alentours. La curiosité amena d'abord sur le tombeau des martyres des visiteurs en grand nombre. La renommée de leur sainteté y attira ensuite une foule de personnes malades, affligées. Des guérisons miraculeuses, des faveurs évidentes du ciel se multiplièrent chaque jour, et la dévotion publique approuvée par l'évêque, commença dès lors à honorer ces deux vierges comme martyres de la pureté virginale.

Translation, à Nogent, par la reine sainte Bathilde, des corps de sainte Maure et de sainte Brigide.

CHAPITRE VI.

Comment les corps de Ste Maure et de Ste Brigide furent transportés, et laissés à Nogent par la reine Ste Bathilde.

Dans le septième siècle, une reine d'illustre et sainte mémoire, honorait de ses vertus le trône de France. C'était Bathilde, dont le nom se rattache si étroitement à l'histoire de nos saintes, que nous ne pouvons nous dispenser de la faire connaître au lecteur.

Un jour, qu'en Angleterre sa patrie, elle jouait avec ses jeunes compagnes sur les bords de la mer, elle avait été enlevée par des pirates et transportée en France. Elle y fut achetée à vil prix par un seigneur de la cour, et admise au service d'une dame du palais du roi.

Ses éminentes qualités d'esprit et de cœur l'élevèrent de cette humble condition jusqu'à l'honneur de partager le trône de Clovis II, qui l'épousa. Veuve peu de temps après, investie du gouvernement du royaume, elle fit dans sa fortune une large part pour les bonnes œuvres.

Des établissements nombreux s'élevèrent par ses soins, et l'abbaye de Chelles, près Paris, avait toutes ses prédilections. Elle entendit parler des saintes martyres Maure et Brigide ses compatriotes, de leurs miracles; et pour donner à leurs précieux restes l'honneur qu'ils méritaient, elle résolut de les transporter à cette abbaye, où elle voulait se retirer elle-même plus tard, dans la solitude et le silence.

Un char fut préparé avec une magnificence royale, et la reine, suivie d'une escorte de serviteurs d'élite, se rendit à Balagny en Beauvaisis. Là, sous ses yeux, la sépulture des deux vierges fut ouverte, et leurs corps déposés respectueusement sur le char ; les habitants du lieu durent s'incliner devant la volonté souveraine.

On partit donc. La marche fut lente à travers ces montagnes, et les traditions veulent encore en suivre les traces marquées dans les siècles passés. Un chemin, maintenant abandonné, le plus court pour aller de Nogent à Balagny, porte encore à Nogent le nom de cavée Ste-*Meure,* selon l'ancienne prononciation.

Bathilde suivait à pied ; un page soutenait son royal manteau.

Avant de traverser l'Oise à Creil, au carrefour de Nogent, le char s'arrêta sans aucun obstacle connu. Les bœufs furent stimulés et restèrent un moment immobiles. Quand ils reprirent leur marche, grande fut la surprise en les voyant quitter la direction qu'on leur donnait, et tourner du côté de Nogent. Les valets empressés tentèrent de nouveaux efforts pour les remettre sur le chemin qu'on voulait suivre; cette fois encore, l'attelage leur força la main. La reine, mieux inspirée que les autres, ordonna de laisser à ces animaux toute leur liberté; et aussitôt, ils se dirigèrent vers l'église de Nogent; évidemment, une force secrète les conduisait. Là, ils s'arrêtèrent d'eux-mêmes, et les cloches, dit-on, se mirent en branle pour fêter ce merveilleux évènement. La reine, convaincue que le ciel intervenait, ordonna que ces corps fussent déposés dans le cimetière, contre le mur de l'église, à l'orient; il lui semblait que, par leur sainteté, ils méritaient de toucher à l'autel même. (Sa pieuse pensée se réalisera plus tard.) Nogent ne devait pas être alors pour la reine Bathilde un pays inconnu et sans intérêt. L'histoire a prouvé, surtout par la plume de l'abbé Lebœuf, qu'à cette époque les rois de France y possédaient un palais dont les vestiges ont disparu.

Pendant environ cinq cents ans, les saints ossements des martyres restèrent dans ce modeste tombeau. Les générations se transmirent la mémoire de ces faits tout merveilleux; d'éclatants miracles, des guérisons désespérées avaient soutenu durant ces cinq siècles la dévotion des pèlerins pour ces humbles et célèbres saintes.

Un prodige survint qui excita plus encore l'attention. Laissons l'antique et vénérable légende le raconter dans toute sa simplicité : une vache du troupeau de messire Garnier, chevalier de Senlis, avait disparu. Après bien des recherches, elle fut retrouvée à Nogent couchée sur la tombe des Vierges. Grand fut l'ébahissement de ses gardiens, quand elle se releva. Sa couleur, de noire, était devenue blanche du côté qui avait touché la terre de cette sainte sépulture. Une seconde fois, elle revint au même endroit, et s'y coucha du côté opposé, lequel blanchit à son tour.

Mais alors se passa un autre fait qui prend le caractère de l'histoire la plus authentique. Une bande de parchemin renfermée dans chacune des deux châsses témoigne par cinq lignes de l'écriture du temps, qu'en l'an onze cent quarante-un, sous le roi Louis (Louis-le-Jeune), le vénérable Odon ou Eudes, évêque de Beauvais, vint à Nogent, faire en présence d'une grande foule d'assistants émerveillés, l'exaltation ou exhumation des corps des Stes Maure et Brigide, et qu'il les renferma dans des châsses pour être exposés à l'intérieur de l'église à la vénération des fidèles. Comme sentence pieuse, la dernière ligne ajoute que Ste Maure et Ste Brigide, mortes au monde, ont fait tout leur bonheur de vivre pour Jésus-Christ, qui les en a récompensées en les admettant aux joies éternelles du paradis. Nous traduisons textuellement cette pièce importante.

Quelques années plus tard, en 1185, le pape Urbain III, informé de toutes ces merveilles, chargea les évêques de Beauvais et de Senlis d'aller eux-mêmes en constater la vérité, et leur rapport, envoyé au Pontife suprême, reçut sa sanction solennelle, avec l'autorisation d'inscrire les noms des deux Vierges martyres au martyrologe et au calendrier des Saints. Peu de temps après, au treizième siècle, le bréviaire de Beauvais en faisait mémoire dans ses offices. Quant à l'indulgence accordée à cette occasion aux pélerins qui visiteraient l'église de Nogent, depuis le dimanche après l'Ascension jusqu'à la St-Jean-Baptiste, le titre, s'il en a existé quelqu'un, ayant été perdu, nous n'en pouvons plus rien dire à la piété des fidèles. Mais, avec les vieux documents que nous suivons, nous ajouterons que ce fut vraisemblablement à cette époque que le village de Nogent honora son nom d'un lustre nouveau, et s'appela Nogent-les-Vierges.

Croix. et Fontaine des Vierges , dans la paroisse
de Nogent.

CHAPITRE VII.

Comment sont racontés plusieurs faits principaux qui ont rapport à cette histoire.

ARTICLE PREMIER.

Agrandissement de l'église de Nogent.

St Louis, roi de France, dans ses rares loisirs, visitait quelquefois sa châtellenie de Clermont en Beauvaisis. Or, la tradition conservée à Nogent par les générations successives, rapporte qu'à l'un de ces voyages (1241), il voulut s'arrêter dans ce pays pour juger lui-même par ses yeux de tout ce qu'il avait entendu raconter à la louange des saintes martyres.

Arrivé à l'église, après ses dévotions faites à l'autel et devant leurs reliques vénérables, il remarqua que cette église, petite et de construction vulgaire, n'était digne ni de la majesté de Dieu, ni du trésor précieux que le ciel avait confié à sa garde. Il ordonna que le chœur fut agrandi à ses frais, et revêtît ces belles formes que l'on admire encore aujourd'hui. Il voulut que l'on comprît dans ses limites la place où les corps des Saintes avaient été déposés primitivement dans le cimetière, et que l'autel fût placé au-dessus. Les pieuses recommandations du saint roi furent suivies, et la commune reconnaissante, en a consacré le souvenir par une verrière placée dans la chapelle, côté du midi. St Louis y est représenté en pied, portant la couronne d'épines de la

main gauche. Au-dessous, on le revoit age-
nouillé sur un prie-Dieu, tenant déroulé un
plan du chœur à construire, comme pour
en faire hommage au Seigneur et à ses
saintes.

ARTICLE II.

Enlèvement et restitution des saintes Reliques.

On rencontre quelquefois des hommes
dont la conscience erronée croit pouvoir
justifier par les bons motifs qui les font
faire des actes évidemment coupables.
Ceci explique le fait étrange que nous
allons raconter :

En mémoire de la résurrection du fils
de Géronce, que nous avons rapportée au
chapitre quatrième, un monastère se serait
élevé sur les terres de ce Seigneur, après
son départ pour suivre ses bienfaitrices ;
et c'est de là que deux religieux seraient
partis avec l'intention de venir à Nogent

enlever clandestinement les reliques des saintes dont ils connaissaient l'histoire.

Arrivés là et confondus dans la foule des pélerins, ils attendirent le moment favorable pour s'emparer de ce trésor convoité, et partirent à la faveur de la nuit pour regagner leur monastère. Mais, soit que le remords leur eût troublé la vue ou la raison, soit plutôt par un juste châtiment du ciel, qui ne laisse rien impuni, après s'être égarés dans ces chemins inconnus, ils étaient encore le lendemain au point du jour sur les terres de Nogent, croyant avoir fait beaucoup de chemin.

Des laboureurs matineux les rencontrèrent; leur vêtement étrange, leur air embarrassé les rendirent suspects; on les examina de près, et le vol sacrilége fut découvert. Force leur fut de restituer en demandant grâce de leur méfait.

On voulut bien les laisser partir librement, et les saintes Reliques furent remises à leur place.

ARTICLE III.

Ouvertures et visites des châsses par les évêques de Beauvais ou leurs délégués.

Des actes sur parchemin, revêtus de signatures nombreuses, attestent les faits que voici :

1° En l'an mil trois cent treize, la veille de la St-Clément, au mois de novembre, Jean de Marigny, évêque de Beauvais, vint en personne faire l'ouverture des deux châsses, dans lesquelles il déclara avoir trouvé la petite cédule de parchemin dont nous avons parlé au chapitre sixième, et qu'il fit transcrire.

L'histoire rapporte qu'à cette occasion, le prélat, pour satisfaire sa dévotion personnelle, crut pouvoir détacher et emporter à Beauvais quelques parcelles de ces saints ossements, dont il fit don à sa

cathédrale, où l'on voit encore une chapelle dédiée à ces deux saintes martyres.

Il y avait aussi à Beauvais une paroisse
dite de St-André, où la dévotion à Ste
Maure et à Ste Brigide avait pris des pro-
portions plus considérables encore. En
seize cent trente-sept, une peste mémo-
rable faisait dans cette cité antique des
ravages affreux. La paroisse St-André en
souffrit plus que les autres ; ses habitants
se recommandèrent à nos Saintes, et firent
vœu d'aller à Balagny visiter la chapelle
érigée au lieu de leur sépulture. Le fléau
cessa ; des dons de reconnaissance furent
faits à cette chapelle, maintenant détruite,
et une confrérie fut fondée à l'église St-
André, laquelle a péri à la révolution avec
cette église.

2° Un autre évêque de Beauvais, Louis
de Villiers, de l'Ile-Adam, en l'an quinze
cents, le douzième jour de mai, s'arrêta
aussi à l'église de Nogent, se fit ouvrir

les deux châsses, dans lesquelles il certifie avoir trouvé les deux pièces authentiques mentionnées plus haut. Huit signatures paraphées suivent celle du pontife, et attestent que la chose s'est faite avec une grande solennité.

3° En l'an mil six cent trente-quatre, le vingt-sixième jour d'octobre, Jacques de Nully, faisant les fonctions de vicaire délégué par le très révérend Augustin Potier, évêque et comte de Beauvais, assisté de maître Martin Dangu, curé de Nogent, de Jean Roussel, curé de Villers-St-Paul, et autres, en présence de messire Chaillou, seigneur du pays, de dame Lucrèce-Marie de Lisrat sa femme, et de leurs enfants, retira les saintes reliques des châsses en bois doré en forme de tombeau, usées par le temps, et les replaça dans deux autres châsses neuves qui n'ont duré que quatre-vingt-neuf ans.

4° Le vingt-quatrième jour d'octobre de

l'année mil sept cent vingt-trois, Denis de Cavondas, vicaire-général de Monseigneur François-Honorat-Antoine de Bouilliers de St-Aignan, évêque de Beauvais, Vidame de Gerberoy, pair de France, vint visiter l'église de Nogent, où il fut reçu par maître Nicolas Motheron, curé de la paroisse, Le Roy de Roberville, curé de Villers-Saint-Paul, Martin Odent, curé de Verneuil, Jacques Loqueret, curé de Laigneville, et autres personnages appelés pour la circonstance. Les châsses dont nous venons de parler furent ouvertes, un récollement ou examen détaillé des saints ossements fut fait par des hommes compétents, et tout fut remis dans les châsses actuelles, données par Louis-Charles Guilleux-Malo, avocat au Parlement.

5° Enfin, des vieillards nous racontent, qu'en mil sept cent quatre-vingt-douze, au commencement de ces temps de lamentable mémoire, les châsses furent vidées, mises en lieu sûr par des mains pieuses et dévouées, et les précieuses reliques cachées pendant la nuit dans le caveau qui existe toujours sous le maître-autel. Nous remarquons que dans l'un des murs latéraux de ce caveau, deux petites cellules ont été pratiquées et revêtues de maçonnerie. Des morceaux de dalles que nous retrouvons, nous semblent avoir servi à fermer ces deux cachettes, et le tout aurait été comblé de sable, pour détourner les recherches mal intentionnées. Les mêmes témoignages nous attestent, qu'en mil huit cent trois, les saints ossements furent retirés de ce caveau et replacés dans les châsses, à la grande joie des habitants de Nogent, heureux de revoir les restes vénérés de leurs chères patronnes.

Autel-Tombeau de sainte Maure et de sainte Brigide

dans l'église de Nogent-les-Vierges.

CHAPITRE VIII.

Comment les reliques vénérables de Ste Maure et de Ste Brigide sont honorées à Nogent, par les offices que l'on y fait, et les usages qui s'y rattachent.

1° Chaque année, le 30 janvier, sous le titre d'office de la Translation, une grande fête est célébrée en mémoire du fait que nous avons rapporté au chapitre sixième, quand la reine Ste Bathilde fit transporter de Balagny les corps des saintes martyres, et fut forcée, par des circonstances qui parurent surnaturelles, de les laisser à Nogent.

2° La veille de l'Ascension, aux premières vêpres, les châsses sont descendues solennellement, et exposées à la vénération des fidèles pendant plusieurs semaines, comme nous le dirons plus loin.

3° Le jour de l'Ascension, elles sont portées en procession jusqu'à Creil. Une foule immense de pélerins, donne à cette procession un caractère imposant. La station se fait à la croix dite du Marais. Là, on rappelle un don fait aux trois communes de Nogent, Creil et Montataire, par Béatrix de Bourbon, reine de Bohême, mariée à Jehan de Luxembourg, arrière-petite-fille de St Louis, et fille de Louis de Bourbon, comte de Clermont. Un *De Profundis* est chanté pour le repos de son âme.

C'est en 1334, probablement avant de quitter sa châtellenie et baronie de Creil, pour aller prendre possession de son trône,

que cette princesse laissa à ces trois communes les prairies qui touchent aux trois
territoires, et maintenant divisées et frac-
tionnées en propriétés particulières.

Une verrière placée dans l'église de
Nogent, à la mémoire de la royale bienfaitrice (à Béatrix de Bourbon), rappelle
cette donation par une inscription que
l'on peut lire au bas de la fenêtre.

4° Le dimanche après l'Ascension, les
châsses sont de nouveau portées, après la
messe, à la croix des Vierges, et quand le
temps n'a pas permis de sortir le jour de
l'Ascension, la procession se continue jusqu'à Creil. Les saintes reliques restent ensuite exposées dans l'église jusqu'au dimanche après le 13 de juillet.

5° Le 13 de juillet, jour anniversaire
du martyre des Vierges, est la fête patro-
nale de Nogent. L'office en est chanté ce
jour-là, mais la grande solennité est remise
au dimanche suivant. Aux vêpres de ce

dimanche, après la rentrée d'une procession à la croix des Vierges, les châsses sont remontées à leur place; et le lendemain, un office solennel des morts est célébré à l'intention que nous allons indiquer.

6° Sous le nom de Confrérie de Ste Maure et de Ste Brigide, un registre contient une longue liste de personnes qui déposent chaque année une très légère rétribution, et s'assurent de cette manière, à leur décès, un droit à une messe chantée dans l'église de Nogent. Le grand service du lendemain de la fête est aussi à l'intention des défunts inscrits à cette association de prières.

7° La croix, et la fontaine des Vierges fermée et couverte en forme de chapelle, ont aussi leur part dans la dévotion des pélerins. Les statues des deux saintes martyres sont placées dans ce petit monument. Leurs noms et leur présence semblent à la foi des fidèles communiquer à l'eau de cette piscine vénérée des bénédictions et une vertu bienfaisante, que Dieu attache quelquefois aux choses les plus communes.

8° Nous expliquerons aussi pourquoi l'on a adopté pour le maître-autel de l'église, un genre qui n'est point ordinaire. Il est placé exactement sur le caveau commémoratif de la sépulture des Saintes. Pour cette raison, on lui a donné la forme d'un tombeau, et les deux statues couchées rappellent que c'est là que les corps des Vierges sont restés pendant cinq siècles, jusqu'au moment de leur exhumation ou exaltation solennelle, en onze cent quarante-un.

9° On regrettera toujours que deux précieux monuments de la vie si intéressante de ces deux Saintes aient disparu.

D'une part, les anciennes verrières historiques de la chapelle détruite à Balagny il y a quelques années, et emportées en

Angleterre, pour orner probablement quelque musée profane.

D'autre part, une peinture beaucoup plus instructive que solide, de la fin du quatorzième siècle, qui ornait toute la nef de l'église. Le temps l'avait tellement dégradée, que l'on crut pouvoir, en 1818, en recouvrir ce qui restait par un badigeonnage général. Les quelques vestiges que nous avons pu en découvrir, représentent les Vierges embarquées et voyageant sur la mer, leur martyre par coups de massues armées de pointes; ce qui a autorisé leurs historiens à dire qu'elles avaient été assommées et non égorgées, comme Louvet l'a écrit dans son histoire du Beauvaisis.

CONCLUSION.

Si Dieu a voulu quelquefois manifester par des faits publics et éclatants la puissante intercession de nos saintes Patronnes, il faut bien admettre que tous ne sont pas écrits.

Il en est qui sont restés dans la mémoire des générations passées, et que la tradition a transmis jusqu'à nous.

Entr'autres certaines dates, consignées dans l'histoire, sont impérissables. 1681, 1735, ont été marqués particulièrement par un fléau pareil à ceux de l'Egypte.

Les moissons et autres récoltes étaient dévorées par des nuées d'insectes, qui se multipliaient d'une manière désespérante. De tous côtés, les regards et les prières s'élevaient au ciel, pour lui demander la nourriture. Les habitants de Nogent, de concert avec ceux de Balagny, firent dans les campagnes, avec leurs saintes reliques, des processions expiatoires, et le fléau disparut de leur contrée.

Mais combien d'autres grâces du ciel, qui restent dans les secrets de Dieu et des consciences? Que de fois, de pieuses confidences ont révélé des faveurs obtenues par l'invocation de nos Saintes, même des guérisons désespérées!

Des lettres aussi sont venues de loin en témoignage de reconnaissance.

Et si parfois nous croyons notre prière perdue, parce qu'elle n'a pas été exaucée à notre gré, ne serait-ce pas pour la cause que notre Seigneur en a lui-même indiquée: *Vous n'obtenez pas*, dit-il, *parce que vous demandez mal.* N'oublions jamais, dans la pratique, que toutes les grâces viennent nécessairement de Dieu; or, la première condition, pour que Dieu nous exauce, c'est d'être en paix avec lui par la pureté de l'âme, ou bien au moins par un désir sincère de revenir à lui par la pénitence.

Ainsi soit-il.

TABLE DES CHAPITRES.

Pages

Avis au lecteur 5

Chapitre Ier. Comment naquirent en Ecosse les deux illustres princesses, Ste Maure et Ste Brigide 9

Chapitre II. Comment, dans leur jeunesse, Ste Maure et Ste Brigide secouraient les malheureux, et comment elles refusèrent de riches alliances. 15

Chapitre III. Comment Ste Maure et Ste Brigide partirent secrètement en pélerinage 21

Chapitre IV. Comment Ste Maure et Ste Brigide bénirent Dieu à leur arrivée à Jérusalem 29

Chapitre V. Comment Ste Maure et Ste Brigide furent martyrisées à Balagny avec leur frère 39

Chapitre VI. Comment les corps de Ste Maure et de Ste Brigide furent transportés et laissés à Nogent par la reine Ste Bathilde. 45

Chapitre VII. Comment sont racontés plusieurs faits principaux qui ont rapport à cette histoire 53

Chapitre VIII. Comment les reliques vénérables de Ste Maure et de Ste Brigide sont honorées à Nogent, par les offices que l'on y fait, et les usages qui s'y rattachent 63

Conclusion 69

INDICATION DES FÊTES ET OFFICES

En l'honneur de Ste Maure et de Ste Brigide,
dans la paroisse de Nogent-les-Vierges.

—

1. 30 janvier, fête de la Translation des corps de Ste Maure et de Ste Brigide.

2. Veille de l'Ascension, descente solennelle des châsses aux premières vêpres.

3. Jour de l'Ascension, procession avec les châsses jusqu'à la croix de Creil. Grande solennité.

4. Dimanche après l'Ascension, sortie des châsses, et procession à la croix des Vierges.

5. 13 juillet, premier office patronal de Ste Maure et de Ste Brigide.

6. Le dimanche après le 13 juillet, le même office avec solennité. Aux vêpres, procession à la croix des Vierges, après laquelle les châsses sont remontées jusqu'à l'Ascension suivante.

7. Le lendemain de la fête, office solennel des morts, pour tous les défunts inscrits à la confrérie de Ste Maure et de Ste Brigide.